Arrivés à Tarifa, il faut se mettre dans l'esprit de ceux qui ont, à un moment ou à un autre, décidé de changer de continent. Ce choix si il n'est pas touristique est certainement lourd de signification. Le long de cette cote espagnole s'affrontent et se lient sans cesse deux mondes différents.

Le monde occidental avec ses convictions positivistes judéo-chrétiennes affiche ses forces et ses faiblesses sur cette Espagne trop affectée par cette crise économique du début du deuxième millénaire.

Et le monde oriental avec ses certitudes musulmanes affiche ses couleurs d'un autre temps et ses contrastes sur ce Maroc riche de son passé cherchant à regarder l'avenir en se frayant une place dans ces sociétés riches et combattantes de ce deuxième millénaire.

Entre l'excitation due à ce changement de continent que nous et notre voiture allaient accomplir et le sentiment profond d'être vraiment au bout d'un monde et juste à la porte d'un autre, nous observons silencieux, cette cote africaine, déchirée, encore rougie par un soleil couchant qui n'en finit pas de suivre sa course elliptique le long de la cote espagnole.

Le vent se déchaine comme soufflé par ce soleil qui avait décidé d'envoyer en plus de ses rayons ardents, cette masse d'air presque terrifiante. Ce déchainement entrainant d'Ouest en Est, l'imposant océan Atlantique dont l'écume martèle la surface de l'eau en des points si nombreux que les quarantièmes rugissant feraient pâle figure devant tant d'énergie.

Autant dire que la mer Méditerranée quelque part sur notre gauche à l'Est devait avoir bien du mal à occuper son territoire ce jour là où cet océan Atlantique semblait vouloir tout dévorer sur son passage.
Et nous, nous allions embarquer sur un gros ferry certes, mais n'allait-il pas devenir une petite coque de noix ballotée dans cette baignoire sauvage où un dieu inconscient aurait retiré la bonde impunément.
Seule trace rassurante de notre présence occidentale, une ruche silencieuse de voiles multicolores de cerfs-volants qui virevoltaient

sans cesse le long de cette cote sauvage. Accrochés aux bouts de ceux-ci, des hommes, des femmes et des enfants glissaient sans retenue sur leur petit surf et jonglaient en Sansons modernes sur les Goliath transformés en rouleaux blanc bleu écumants qui venaient battre la berge de sable jaune.

Ces amateurs d'un sport à la fois moderne et si décalé par ses exigences physiques pratiquent ce que l'on appelle le 'skit surf' de neuf heure du matin jusqu'à vingt et une heure sans discontinuer.

Quand mangent-ils ? Quand boivent-ils ?

Lorsque nous en rencontrons un, qui n'est pas équipé de son harnais, de sa planche et de son cerf-volant, c'est pour se heurter sur un regard un peu béat et tellement vague que l'on n'ose pas vraiment déranger un tel esprit ainsi habité.

Notre tente posée dans un des campings dont la population est essentiellement constituée de surfers et de ronfleurs accomplis est ballotée par les bourrasques de vent. Dormir sous un toit frêle qui subit les assauts du vent n'a jamais été désagréable mais lorsque le vent cesse et que les ronfleurs prennent le relais…. Tout pourra être essayé, les sifflements, les battements de mains, les grands cris et les fous rires, rien n'empêchera le ronfleur professionnel dans sa lente mais sure progression nocturne.

Le lendemain notre voiture effectue les quelques virages parmi les éoliennes infatigables qui nous séparent du port accueillant la ronde incessante des ferries qui joignent quotidiennement le continent espagnole à celui du Maroc.

Pour quelqu'un qui n'a jamais été sujet au mal de mer, j'avoue que la trajectoire du ferry étant imposée par la géographie des deux continents nous contraint à supporter un nauséeux mélange de tangage et de roulis qui peut finir par vous faire restituer tout votre petit déjeuner pour le plus faibles, sinon vous barbouiller pour le restant de la matinée.

Tanger aujourd'hui étale ses bâtiments de luxe à perte de vue. Il faut attendre patiemment d'arriver à la hauteur du port pour enfin deviner ce qu'avait du être cette Tanger du début du siècle.

La médina colle ses bâtisses blanches sur la montagne afin d'offrir au spectateur un étalage montant et lumineux d'un émouvant mélange d'architecture hispano mauresque et coloniale d'un autre temps.

Notre 4x4 se fraye un chemin difficile dans le dédale des petites ruelles de la vieille ville pour atteindre le petit parking de l'hôtel caché au fond d'une de ces venelles, le long desquelles s'alignent des petites échoppes et entreprises plus petites encore qui ne dépassent pas plus que de la largeur de leurs pieds de porte.

Au gré du passage, ces petites entrées nous laissent entrevoir des alcôves où le savoir faire de ces hommes créent selon leur propre volonté des bulles d'univers protégées, où leur créativité s'expriment en toute indifférence du monde extérieur.

L'hôtel Continental affiche toute l'exubérance du Tanger d'hantant derrière des murs d'enceinte très discrets.

Sitôt passé l'aire de stationnement pour les véhicules, nous gravissons un escalier habillé de

mosaïques aux couleurs rappelant le mariage de l'eau et du ciel toujours présent dans les villes du littoral méditerranéen.
Dès lors que nous franchissons le hall d'entrée de cet hôtel nous sautons d'un seul pas quelques décennies pour nous plonger dans le Tanger d'une autre époque.

Ce Tanger mythique et bohême des années cinquante ou beaucoup d'exubérances étaient accessibles aux voyageurs de cette époque. D'innombrables petits patios mauresques qui nous mènent de pièces en pièces sont parsemés de photos du premier cinquantenaire de notre siècle montrant ces hommes enturbannés, pour certains importants, droits comme des I, scrutant l'objectif avec le sérieux que l'on devine.
Au détour d'un de ces espaces rafraichissant, on pourra reconnaître M. W. Churchill entourés de

pachas marocains qui aura pris plaisir, selon les témoignages, à passer quelques moments de loisir dans cet hôtel de charme.

Le lendemain matin, tout juste réveillé, encore allongé sur notre lit, je pouvais admirer au gré de la course débutante du soleil dont quelques rayons filtraient à travers les persiennes, les reflets géométriques de zelliges nettement dessinés sur les murs, reflets renvoyés par les glaces délicatement cachées derrière les menuiseries ajourées des portes d'armoires qui tapissaient un mur entier de notre chambre.

Notre petit déjeuner sur la terrasse de l'hôtel tout en haut de celui-ci nous offrait la vue imprenable du port et de la baie de Tanger. Les ferries commençaient en contre jour leur ronde majestueuse entre les deux continents. Leurs sillons renvoyaient des milliers de petits éclats de diamants qui disparaissent aussitôt après le passage ce ceux-ci.

Parcourir le souk d'une médina pour un touriste européen est toujours une longue course dans un autre monde chamarré et odorant. Une longue course parce qu'il est difficile de se repérer dans ce labyrinthe de ruelles. Une longue course parce qu'il es fatiguant d'expliquer sans cesse à tous ces vendeurs que l'on ne va acheter tout le souk aujourd'hui, … On en gardera un peu pour demain Inch Allah.

Pourtant parcourir le petit souk, le petit socco comme l'appellent les Tangérois, se révèle plus court que pour les autres villes marocaines. Plus court parce que ses dimensions sont peut être plus raisonnables. Plus court parce que les commerçants tangérois vous laissent une paix royale.

Pis encore, il reste indifférent à nos demandes de prix sur tel ou tel article. Son sourire est aussi rare que la pluie qui ne tombe pas beaucoup dans ce beaux pays.

Les femmes voilées passent comme des ombres qui ne nous permettent pas d'accrocher un quelconque regard. Et nous nous rendons compte que nous sommes peut être les seuls européens à déambuler dans ces rues. L'endroit ne manque pourtant pas de charme. Tous ces nouveaux visages inconnus qui défilent en tous sens devant ces façades parées de zelliges et mosaïques, tels des fourmis qui arpentent frénétiquement leur chemin où seuls leurs objectifs secrets semblent les guider, apparaissent et disparaissent dans un charivari emprunt de mystère.

C'est la fin d'une journée de travail et c'est quelque fois toute une famille qui circule dans ces rues. Le père de famille emmène femme et enfants vers un ou deux achats qu'ils devront lui soutirer. Lui bon enfant ou laissant apparaître une pointe d'agacement prêtera l'oreille, selon son humeur, à ces requêtes, qui pour acheter un nouveau bracelet, qui pour obtenir une nouvelle babiole, qui pour l'espace d'un instant, vont revêtir un caractère vital pour la survie du suppliant.

Les commerçants sérieux disais-je, avancent un seul et unique prix que l'on ne négociera pas au risque de choquer un honneur et une sagesse toute espagnole.

Les petites gargotes du centre ville sont tout aussi discrètes que les échoppes entre aperçues la veille. Sitôt franchie la seule marche qui les sépare de la ruelle étroite et ombragée, nous entrons dans une petite salle voutée où le cuisinier expose ses produits frais sur une sorte comptoir de boucher. Point de frigo parce que d'électricité point !!

Des mouches vous invitent à passer votre chemin mais la faim est la plus forte. Et puis hormis la viande hachée légèrement noircie et les sardines un peu trop molles, il y a de beaux plats à tagine qui glougloutent gentiment sous les braises du barbecue.

Un tagine aux sardines avec des piments plus gros que des carottes qui les accompagnent ne peut vraiment pas être compromis par une quelconque bactérie.

La salade marocaine, où la tomate légèrement revenue rivalise avec les poivrons et les oignons, où le concombre, les olives et le citron confit apportent leur fraicheur, est un plat national qui désaltère de façon providentielle après cette marche dans le souk toujours étouffant.

Le cuisinier un peu rustre est mal à l'aise avec son français. Il aimerait mieux parler en espagnol. Quelques mots arabes suffisent malgré tout à lui faire comprendre ce que l'on souhaite.

Et puis la gentillesse de ce petit garçon Ahmed qui essaye tant bien que mal à nous parler en français au fur et à mesure qu'il nous apporte nos assiettes nous convainc une fois de plus que les marocains sont vraiment accueillants.

Le trajet entre Tanger et Tétouan est sans charme particulier tant la route presqu'une autoroute est un billard jalonné de quelques radars et de beaucoup de policiers dévoués tout à la cause de la contravention. Les quelques montagnes, prémisses du Rif nous laissent penser que l'on pourrait s'engager sur des chemins plus aventureux mais pour le moment, aucune difficulté en vue.

Tétouan se laisse aborder comme une danseuse de tango. Tout d'abord il faut suivre une première courbe périphérique qui de loin nous obligerait presque à tendre les bras pour distinguer au loin ses formes épousant la colline sur laquelle elle se niche.
Puis alors que l'on a l'impression de la quitter pour une autre direction, nous revenons brusquement sur nos pas pour se rapprocher d'elle de façon plus intime.

C'est alors que nous sentons le frémissement de sa jupe sous la forme d'un rempart que notre véhicule longe et frôle audacieusement jusqu'à de nouveau lui tourner le dos. Puis dans un changement de direction tout aussi radical et rythmé que le premier, le danseur revient vers sa partenaire en passant sous le rempart par une porte prévue à cet effet.
Après ces passes nous déposerons notre voiture aux pieds des murs de la ville, à l'ombre des jardins luxuriants proche dans l'esprit de ces Alcazars chers aux cités andalouses.
Puis à pieds, on accède à la médina par l'une des Babs, portes richement voutées en fer à cheval qui vous permettent de pénétrer dans les rues assez rapidement couvertes du grand souk.

Une fois franchie ces limites, une cour des miracles s'étire sur des kilomètres de venelles protégées du soleil que l'on se plait à découvrir au détour de chaque variation de direction. La fatigue ne se fait sentir qu'au bout d'un moment à partir duquel le charme peine à s'évanouir.

Il est vrai que ce charme est plus authentique quand nous pouvons parcourir ces ruelles à notre rythme, sans être perturbé par un guide qui n'a d'autre préoccupation que de vous emmener dans les commerces de son choix. Nous connaissions ce genre d'écueil mais pourtant nous n'avons pas vu arriver cet homme d'âge mur et bon enfant se présentant comme artiste et enseignant sans trop d'ambition et avec la seul envie de passer un bon moment avec nous. Il passait par la soit disant pour acheter des pâtisseries pour sa famille qui n'avait pas encore pris son petit déjeuner. Nous cherchions la place centrale de la Médina à partir de laquelle nous aurions pu apercevoir la mosquée que tous les guides touristiques vantaient. Celui-ci loin de nous dire qu'il ne nous était pas possible de la visiter, se propose de nous y emmener en passant par les différents ateliers de la médina

Ma femme proteste un peu, nous connaissons les longueurs de ce genre de procession et nous n'avons guère envie de passer en revue tous les métiers de la ville. Après que celui-ci nous ait expliqué que le chemin était presque direct pour aller vers cette mosquée, nous nous laissons convaincre.

La médina de Tétouan fait parie d'un des plus authentiques du Maroc. Ses différents quartiers attribués à une catégorie d'artisans donneront au chaland des images marquées de ce Maroc presque ancestral tant il peut contraster avec tous les sites industriels et les technopoles d'affaires avant-gardistes de ce royaume.
Le quartier des tisserands laissera les femmes songeuses, habillées de rêves des milles et une nuit où les plus belles étoffes prendront vie sur des gandouras, djellabas et kaftans de cérémonie.
Le quartier des bijoutiers les prendront jusqu'à l'envie dans une ronde folle de bracelets, boucles d'oreilles, pendentifs rivalisant de brillance et d'audaces en arabesques de métaux précieux.
Le quartier des menuisiers plus sérieux impressionnera les amoureux des formes et des volutes de bois ouvragés qui sont l'expression

même de l'art mauresque. Les zelliges suivent un chemin géométrique qui élève sans cesse l'esprit à la manière d'une fugue de Bach. Dans les deux cas c'est le divin qui inspire l'artiste.

Le quartier des tanneurs outre la nausée que l'on a du mal à réprimer exprime les tourments endurés par toute une population de pauvres hêtres qui à défaut d'avoir une situation confortable, trouve l'honneur dans un travail bien pénible. 'Du fumier sortira souvent une rose' et dans ce présent, les peaux de cuirs colorées vont venir agrémenter de la façon la plus chic, sacs et manteaux de luxes pour les riches galeries lumineuses de toutes les grandes villes de la terre entière.

Le quartier des maraîchers, des bouchers et des apothicaires inondent de couleurs et d'odeurs inoubliables que l'on veut faire timidement exploser au fond de nos gamelles une fois de retour dans nos cuisines.

On peut s'éloigner presqu'à regrets de cette ville qui a su garder son charme d'hantant juste après un tagine de poulet Beldi avec des frites bien sur, des frites qui baignent avec les olives dans une huile jaunie par le safran.

La course vers la cote sera de courte durée et l'arrivée à Martil surprendra par le contraste évident entre la ville de Tétouan marquant par son charme mauresque et Martil par … son manque de charme se situant en entre Fréjus et la Grande Motte. Ici, finis les porte en fer à cheval, finis de mosaïques et de zelliges colorés. Place au béton armé, aux constructions et bâtiments certes avec terrasses donnant sur la mer mais HLM dans l'âme des bords de mer quand même.

Finis le calme, l'affabilité et le sourire des Tétouanais, place aux commerçants plus soucieux de gagner de l'argent rapidement et sans effort que d'écouter et de prendre le temps de parler avec le touriste.

Sur la plupart des restaurants de bord de plage, le passant ayant l'estomac vide en quête de bons plats cuisinés se verra accueilli vertement.

- Non il n'est pas possible de manger ici …
- Pourtant vous avez bien une carte de menu avec des plats chauds !!
- Une carte ?, vous avez du mal voir. De toute façon, on ne sert pas à manger ici …

Sur ce, le serveur va servir trois cocas bien moins difficile à préparer.

Dans un autre restaurant, il sera possible de nous servir à manger. A ce qui pouvait nous paraître déjà comme un miracle, il nous faudra temporiser cet enthousiasme parce qu'on devra attendre un temps certain pour obtenir la carte des mets. Et bien sur encore plus longtemps pour passer sa commande. 'Vous comprenez, on ne peut pas tout faire à la fois, discuter avec ses collèges et s'occuper de ses clients. Si vous êtes impatients (oui nous le sommes, nous avons vraiment faim) ce qui n'est pas vraiment normal après une bonne demi-heure d'attente, il ne faut donc pas être surpris de s'attirer une réflexion irritée du serveur et … une attente supplémentaire indéterminée.

D'espoir en déception, de restaurant en restaurant, les touristes affamés que nous sommes finissent par échouer dans l'un des restaurants du centre-ville loin de la plage. Là nous ne verrons pas la mer mais nous trouverons des serveurs enfin plus affables et un cuisinier disposé à faire la cuisine !!

Nous n'aurons pas de regret particulier à fuir Martil pour aller nous baigner sur les plages de Cabo Négro. Cette petite ville côtière aligne de jolies villas de luxe le long de ses plages de sable blond. La propreté des lieux, l'aspect soigné des espaces verts, la blancheur immaculée de toutes ses bâtisses blanches ponctuant leurs ouvertures de bleus profonds tranchent vraiment d'avec Martil pourtant voisine.

Le port de M'DIQ était censé être un port de pêcheur typique comme on aime en voir au Maroc.

Je m'attendais à retrouver ces vieux sardiniers dont la peinture d'une autre époque était souillée par la rouille et le cambouis.

Je m'attendais à être assailli d'odeurs immondes de poissons et autres déchets marins oubliés là, depuis plusieurs jours pour la plus grande joie des mouettes et des chats.

Je m'attendais à devoir nous frayer un chemin difficile parmi les filets de pêcheurs étalés ça et là sur les quais du port, attendant patiemment les reprises et réparations nécessaires afin de panser leurs plaies dues à cette mer qui ne se laisse pas déposséder de ses trésors sans rien faire.

Je m'attendais enfin à passer devant ces gargotes faites de bric et de broc à proximité desquelles un demi tonneau renversé et protégé par une tôle ondulée remplis à ras bord de charbon incandescent grillaient dans une fumée abondante son lot de sardines fraichement pêchées.

Point de tout cela, en fait sur plusieurs kilomètres, M'DIQ étale fièrement une sorte de promenade des Anglais. Une rue proprement goudronnée le long de laquelle s'alignent des hôtels et des résidences de luxe sépare la ville d'un bord de mer soigneusement pavé, jalonné de réverbères luxueux. Ponctué de temps à autres de restaurants confortables en terrasse, cet endroit ressemble étrangement à ces villes côtières comme Biarritz ou Royan.

Nous y serons servis par des garçons de café rappelant bien l'atmosphère des esplanades de nos cotes touristiques à ceci près qu'on n'y parle pas français.

Le poisson est bon, mais le vin blanc est rare. L'appel à la prière et un temps changeant sur le cap de Cabo Négro nous rappelle qu'il est temps de rentrer à notre camping.

Les expériences de camping sont toujours riches de différentes saveurs qui effleurent les sens en éveil du voyageur par petites touches où l'humain et l'intime en sont les aromates de référence. Être presque les seuls européens à un ou deux près, à vouloir poser leur tente dans une forêt d'habitants marocains ne peut pas vous épargner d'une arrivée remarquée. L'effleurement humain sera plutôt un affrontement de regards où l'incrédulité peut vite être remplacée par le ressentiment tant cette situation leur semble anormale. L'effleurement intime sera un véritable choc devant l'insalubrité des sanitaires. A la guerre comme à la guerre, nous poserons comme d'habitude notre bonne bâche de sol qui nous protège de ce sable poussiéreux et de quelques taches sombres qui ne nous laissent pas de doute quant à leur origine.

Une fois ce terrain neutre établi nous retrouvons notre bon univers familier autour de notre petite tente constitué de notre petite table et de nos petites chaises pliantes.

Petit à petit les regards curieux ou réprobateurs s'évanouissent et à défaut de bouger nous n'attirons plus que l'indifférence générale. Les enfants, toujours moins farouches et plus curieux, commencent à nous dire bonjour et nous de nous intéresser à eux. Ensuite suivent certains adultes qui échangeront quelques civilités avec nous. Le lendemain matin alors que nous commencions le pliage de notre campement, nos voisins fidèles à l'amabilité marocaine, souhaitent même nous donner leur adresse dans le centre du Maroc au cas où, le hasard de nos voyages nous entraineraient près de chez eux.

Un jour ou deux de plus et nous finissions par nous inviter respectivement à boire le thé dans nos salons de fortune.

Après notre début de soirée plutôt agréable sur l'esplanade de M'DIQ nous avions terminé notre soirée par une petite lecture nocturne, confortablement installé dans nos fauteuils en toile, éclairée par notre lampe à gaz qui dont le halo ne montrait que notre tente.

Tout doucement, le camping se taisait et progressivement ajoutait à notre torpeur bien réelle après cette longue journée une ambiance de calme et de sérénité.

Minuit passé, le silence était presque total et notre besoin de dormir imminent. Après une petite demi-heure d'assoupissement alors que nous entrions dans notre premier sommeil, le camping s'est subitement réveillé.

Qui est arrivé avec des amis de tous genres, s'écriant et s'exclamant tant leur bonheur de se retrouver était grand.

Qui a rallumé sa radio ou son lecteur de CD faisant chanter à tue tête les musiques en tête des Hits parades locaux.

Qui a décidé de commencer une partie de foot avec notre tente comme limite bien réelle de l'en-but..
Pour n'arrêter qu'à l'aube naissante …
Pour laisser ma femme me susurrer entre les dents qu'il n'était pas question de rester une nuit de plus dans cette cour des miracles.

Pour aller jusqu'à Oued Laou nous allons suivre une route encombrée de camions chargés jusqu'à deux fois leur hauteur et de 'grands taxis' transportant 7 à 9 personnes par voiture. Ces Mercédès d'une autre époque s'accommodent assez bien de ces routes défoncées où les 4x4 sembleraient plus adaptés.
Au détour d'un dernier virage, ce village est apparu longeant la cote encadré par une longue plage de galets et les contreforts du Rif. Sa rue principale s'étire le longs d'un décor de mauvais western où l'on pourrait s'attendre à voir rouler quelques buissons épineux au travers de notre

chemin. Nous passons devant ce qui pourrait être appelé un camping au sens marocain du terme mais qui ressemble plus à un bidonville de cahutes en joncs et de tentes aux couleurs délavées par le soleil. Notre dernière expérience dans l'un des soit disant meilleurs campings de la région nous dissuade donc assez rapidement de tenter à nouveau notre chance dans celui-ci.

Après avoir recherché en vain une chambre disponible dans les quelques hôtels qui se disputaient ça et là les rares possibilités d'hébergement, nous nous sommes arrêtés dans un bar afin de nous rafraichir un peu.

A coté de celui-ci, une affichette annonce fièrement des chambres à louer. Nous nous renseignons auprès du garçon de café qui nous répond dans un français hésitant qu'il n'y a plus bien sur de chambre disponible mais ne nous inquiétons pas, il va nous présenter Hassan qui lui, a des appartements à louer.

Hassan arrive et nous affiche un sourire édenté au centre d'un visage émacié et au dessous d'un regard vitreux dans lequel se reflète un Kif dont la qualité n'est pas à remettre à question.

Hassan ne connaît pas un mot de français et n'a pas d'appartement à louer non plus. Mais dans son espagnol aussi approximatif que le notre, il va nous présenter Abdelkader qui lui en de vrais appartements à louer. Après quelques minutes d'attentes, de vas et vient de plusieurs personnes, Hassan nous emmène à quelques rues de là et nous présente un homme aussi maigre que lui mais à son opposé qui possède le regard affuté des petits hommes d'affaires.

Aussitôt malgré les obstacles évidents de la langue, il comprend très vite que nous sommes des touristes aux abois en quête de logement. Il souhaite nous montrer un logement pour six personnes à prix d'or. Lui expliquer que l'on ne souhaite pas une suite présidentielle n'est pas facile mais après quelques négociations, il concède à nous montrer un appartement plus petit, à prix vraiment plus raisonnable.

Le luxe est souvent présent dans les logements marocains. Il est surprenant d'ouvrir une porte lourde et ouvragée à l'aide d'une poignée chromée dernier cri, donnant sur un salon marocain richement carrelé et encadré par des habillages luxueux en stuc et en bois. On croit entrer dans un mini palais des milles et une nuit. A ceci près que le chauffe eau est hors service, que la chasse d'eau inopérante est remplacée par un joli seau en plastique, que le fond de la douche est encore plein des déchets du dernier locataire et que sa bonde est bouchée.

Inutile d'influencer ce filou devant ces petits problèmes parce que mes connaissances en arabe ne sont vraiment pas suffisantes pour négocier en vrai marocain. De toute façon il n'est pas le propriétaire mais travaille pour un autre intermédiaire qui est peut-être l'administrateur des biens d'une autre personne confortablement installé dans un palace de la cote bien loin de tout ce folklore rustique.

Après avoir payé la somme convenue Abdelkader nous explique qu'il nous faut aussi payer son rabatteur Hassan. Et oui, ici une agence immobilière est constituée de tout le village et de plus facture ses frais commerciaux en sus du prix original. Dans son intérêt des plus attentionnés pour nos personnes et nos biens, et surtout moyennant quelques dirhams de plus, Abdelkader nous propose un garage fermé à clé pour notre voiture.

Nous voilà locataires d'un bel appartement à deux pas de la mer et arpentant main dans la main une esplanade et poussiéreuse pour nous diriger vers les gargotes locales.

La grande plage d'Oued Laou nous propose selon l'emplacement choisi, des clans de femmes voilées, des portions de plage où la propreté est plus que douteuse et plutôt à l'une de ses extrémités un endroit ravissant où les touristes marocains un peu plus modernes se baignent en maillot de bain. Ici, la mer méditerranée d'une fraicheur surprenante abrite une quantité impressionnante de poissons de toutes les couleurs et de toutes les espèces.

Entreprendre un achat dans les petites échoppes qui étalent leur légumes jusqu'au milieu de la rue de terre battue se révèle être une expérience autant dépaysante que déconcertante. Il nous a fallu expliquer longuement dans notre mauvais espagnol que nous voulions simplement un produit d'entretien pour la maison. Un autre marchand comprendra plus facilement que nous souhaitons acheter une pastèque.

La soirée avec sa relative fraicheur va tempérer tout doucement nos différentes épreuves de la journée. Nos pas le long de la corniche parmi une foule multicolore de marocains en goguette, vers le rassemblement principal et incontournable et des festivités de ce village.

Là, se côtoient, les restaurants souvent improvisés et les estrades de musiciens amateurs qui débordent de concert, sur la plage. Nous choisissons un restau devant lequel grillent sympathiquement des sardines attirantes.

Tous ces couples de marocains qui avaient convergé en même temps que nous, s'installent autour de nous et se regardent de façon si puritaine que l'on a l'impression de nous retrouver sur les plages de Deauville au début du siècle. Bons nombres d'amoureux sont assis l'un à coté de l'autre sur des chaises en plastique et se tiennent simplement par la main. Ils regardent romantiquement le paysage marin que la nuit rend presque opaque, simplement ponctué ça et là par des reflets brillants que les vagues renvoient à la lumière des projecteurs.

Les gens rient et les jeunes s'enthousiasment autour des différents groupes musicaux.

La nuit sera en fait tout aussi longue et animée que dans notre camping de Martil.
La route côtière jusque vers El Jebbha épouse un littoral accidenté et très sinueux. Au détour de chaque pente rocheuse qui s'avance loin dans la mer, nous apparaissent plages de sable noir et criques de galets gris stoppant la méditerranée où çà et là, le moindre rocher sous marin plus clair ponctue sa peau d'un bleu profond de dizaines de taches variant du bleu roi au bleu ciel complétées de quelques turquoises.

La route ou ce qu'il en reste à cause des effets dévastateurs des grosses pluies de l'hiver nous mène lentement et moyennant de longs détours, jusqu'au village de Amtar. Pour atteindre la plage de ce village, notre 4x4 devra emprunter une ravine plutôt qu'un chemin qui se faufile entre les bâtisses en ciment brut ou en pisé pour les moins luxueuses.

Sa grande plage de galets est encombrée de barques de pêcheurs colorées et par divers déchets issus pour certains de la mer et pour d'autres moins esthétiques de l'activité des gens du coin.

Le camping sauvage est une institution au Maroc, aussi n'est il pas surprenant de passer le long d'une file souvent interminable de tentes de diverses générations, si bien qu'elles nous rappellent ces vieux films tels que 'Les vacances de M. TATI'.
Nous cherchons un endroit suffisamment éloigné de toute cette activité afin de pouvoir jouir du spectacle plus authentique de ces plages encore assez sauvages.
Nous évoluons parmi des hommes en djellaba ou au mieux en pantalon et des femmes en gandoura, couverte de la tête aux pieds. Pour

certaines les gants et les chaussettes sont de rigueurs même pour se baigner. Les regards à notre encontre sont par moment curieux voir sympathique, mais malgré tout sont pour la plupart méfiants voir hostiles.

Nous cherchons donc un endroit vraiment éloigné afin d'espérer passer un moment de relative tranquillité. Ma femme n'osait plus depuis belle lurette se promener en maillot de bain sur les plages précédentes. Ceci étant, un paréo la couvrant des épaules aux genoux n'arrivait pas à amadouer le regard réprobateur lancé par cette foule. Plus tard j'en fus réduit à accompagner Lili jusqu'au bord de l'eau afin de récupérer son paréo, pour ensuite l'envelopper de sa serviette, immédiatement à sa sortie du bain, faute la encore de nous attirer encore d'avantages d'hostilités.

Nous avions beau faire pour nous cacher derrière le piquet de notre parasol, la moitié des gens présents sur cette plage, à commencer par les enfants, venaient faire un petit pèlerinage autour de nos serviettes pour observer les deux seuls européens à moitié nus !

Les plus sympathiques, francophones le plus souvent, nous gratifiaient d'un Bonjour la France, mais la plupart passaient silencieusement, émettant seulement pour les plus jeunes quelques petits gloussements d'excitation. Le point d'orgue de leur attraction a été lorsque j'ai pris mon équipement de plongeur.

A chaque fois que je m'enfonçais dans l'eau laissant alors seulement apparaître mes palmes qui disparaissaient lentement dans l'eau, les enfants de tous ages se mettaient alors à hurler d'excitation voir peut être de peur.

Au regard inquiet de ma femme, ceux-ci alors voulant peut être la rassurer me montraient du doigt en criant avec forces cris 'Animal ! Animal !'. Malgré la beauté de l'endroit vous ressentez alors ce que l'on appelle un gros moment de solitude et une violente envie de vous enfuir en courant.

Nous allons essayer de nous réconforter dans une paillote, seul bastion civilisé posé à l'entrée de cette plage un peu hostile. A l'inverse, tout a l'air sympathique dans celle-ci. Les sardines crépitent agréablement sur les barbecues à l'entrée ; le cuistot dans un coin fait mijoter quelques ragouts dont l'odeur appétissante monte jusqu'à nos narines.

Après s'être assis autour d'une table protégée par une toile cirée, une petite serveuse souriante nous aborde et nous demande en Marocain ce que nous voulons.

Après lui avoir demandé deux Coca-Cola, celle-ci me répond qu'elle n'en a pas. Je me retranche alors sur deux sodas citron qui constituent la valeur sure chez les Marocains. Elle se fend d'un nouveau sourire qui nous laisse espérer que l'on va pouvoir enfin de désaltérer. Fausse joie, elle revient cinq bonnes minutes plus tard pour nous avouer qu'elle n'a plus de Fanta. Je décide alors de voir avec elle ce qu'elle a de disponible au comptoir.

Une fois son réfrigérateur ouvert je découvre une rangée complète de Pepsi-Cola. Effectivement il y a une grosse différence entre le Pepsi-Cola et le Coca-cola. Après nous avoir servi nos pepsi, cette serveuse disparaît et est alors remplacée dix bonnes minutes plus tard par un jeune homme beaucoup moins souriant. Ma femme me fait demander où se trouvent les toilettes.

Celui-ci du bout des lèvres m'indique une direction dans un coin du restaurant. Je remplace Lili sitôt qu'elle en sort et là j'avoue que je suis surpris par son courage pour avoir accepter seulement d'entrer dans des toilettes aussi immondes. Je passerai sous silence l'état de propreté de l'endroit, ne de celui du petit seau remplaçant une chasse d'eau absente. J'ai l'œil rivé sur l'enchevêtrement des toiles d'araignées qui avaient capturé depuis bien longtemps des cafards momifiés dignes des plus belles palmeraies du Maroc du sud. J'ai du mal pour ne pas tomber à la renverse tant l'odeur me prend à la gorge.

Une fois Lili retrouvée, celle-ci m'explique qu'elle vient de se faire rabrouer de la façon la plus méprisante parce qu'elle avait emprunté les toilettes des hommes. D'ailleurs aussitôt après être sorti de ces toilettes magnifiques, un homme m'a remplacé, histoire de vérifier si ma femme n'avait pas laisser quelque souillure indigne de leur condition masculine.

Nous réalisons alors que c'était en fait moi qui avais demandé les toilettes. Et oui comme pour l'histoire du Coca, ici appelons un chat un chat et comme pour le reste, il faut être précis, un point c'est tout !!

Inutile d'expliquer que l'ambiance du restaurant pour le moins réservée est devenue plutôt glaciale après cet incident majeur. Dès lors il m'a fallu force salamalecs et beaucoup d'efforts pour expliquer au cuisinier que nous voulions manger. Il avait apparemment beaucoup de difficultés pour comprendre un seul de mes mots qu'ils soient Français, Espagnol ou Marocain.

La situation aurait pu s'arranger à l'arrivée d'un grand gaillard affichant une bouille circulaire bon enfant et apparemment très amusée par mes difficultés. Entreprend-il alors de m'aider ?

C'est du moins ce que j'ai cru dans un premier temps. Après s'être essayé lui aussi au français, puis à l'anglais sans succès, je finis pas comprendre au travers de phrases assez surprenantes composées de mots français, espagnols et marocains qu'il est originaire d'un village situé plus haut dans le Rif. Il se présente lui-même comme un géant costaud nourri non pas au moyen de touristes s'aventurant naïvement dans les Carpates mais par les nourritures saines de cette belle chaine montagneuse mais tout aussi sauvage du nord du Maroc.

Je réalise assez vite que ses attentions à mon égard ne sont pas aussi philanthropes que je pouvais le penser initialement.

Loin de vouloir m'aider à m'expliquer avec ce cuisinier qui d'ailleurs avait pris le parti de m'ignorer totalement en me tournant délibérément le dos, faisant mine de s'occuper à quelques taches sans importance à l'opposé de ses fourneaux, il préfère m'entrainer dans ses petits marchés.

Tout à son affaire, il me propose un mariage blanc avec l'une des femmes de son village tout là haut dans la montagne. Je serai riche forcément mais un peu polygame malgré tout m'affirme t'il en regardant négligemment ma femme assise à notre table. Je ne sais pas pourquoi mais tous les trésors d'ingéniosité que j'essayais de développer pour communiquer avec un étranger se sont mystérieusement envolés. Du touriste débrouillard que j'essayais d'être, je suis devenu tout à coup un ignare très proche de l'idiot du village, ce qui n'était pas si difficile que cela, non parce que j'avais de bonnes prédispositions naturelles mais aussi parce que j'avais de bons exemples autour de moi.

Deux ou trois 'no comprendo' suivi d'un 'mafamtish' avec un regard vraiment neutre me permettent de changer de vis-à-vis et de me concentrer de nouveau sur mon premier problème et d'attirer laborieusement le regard du cuisinier.

Le verbe 'comer' répété plusieurs fois dans une région hispanophone je le rappelle puis avec le geste de la main vers la bouche finissent par lever toute ambiguïté. Je me demande malgré tout s'il pouvait penser qu'un touriste planté devant lui à 13h00 pouvait demander autre chose que manger un morceau. Je lui demande avec force gestes et brit nachouf de découvrir ses gamelles et peut ainsi porter mon choix sur un ragout de poulet plus attirant que le reste de sa cuisine. Les frites étant souvent systématiques dans les gargotes marocaines, je n'ai pas de mal pour obtenir de lui qu'il ajoute deux assiettes de frites à nos parts de poulets. Il m'intime presque l'ordre de dégager et de regagner notre table. Une façon un peu rustre de m'expliquer qu'il va nous servir. Soulagé parce qu'enfin un peu compris je suis malgré tout surpris par autant de gentillesse subite.

J'ai rejoint Lili depuis quelques minutes et je vois atterrir plutôt qu'arriver nos deux assiettes de poulets qui en venant mourir à coté de nous laissent déborder un peu de leur sauce sur la toile cirée. Ma femme me regarde un peu surprise, puis jette un œil sur son assiette, fait un peu la moue et m'explique qu'elle aurait plutôt aimé des sardines grillées. Moi je regarde alternativement mon assiette qui ne s'est pas complètement vidée sur la table puis ma femme avec l'œil des discussions qui s'arrêtent vite en lui expliquant que si elle veut des sardines, et bien elle n'a qu'à y aller elle-même les demander ses sardines à ce gracieux cuisinier !!

Le repas se passera parmi des regards alentours qui vont balancer entre l'indifférence, le mépris ou le reproche, je ne pouvais pas très bien le définir.

A la fin de celui-ci Lili me demande si on peut offrir le pain que nous n'avons pas touché à un mendiant assis non loin derrière moi. Je me retourne et peut voir un grand échalas aux yeux un peu fou qui me répète lourdement les gestes qu'il devait faire depuis quelque temps vers ma femme. Mon signe d'approbation complété du geste de ma main vers ma proche afin d'extirper mon portemonnaie propulse quasi instantanément ce grand individu à coté de nous.

Déjà Lili lui tend cette miche de pain tant convoitée à laquelle je joins quelques dirhams. Ce pauvre gars regarde successivement son pain et son argent sans comprendre à quoi il devait cette manne.

Je réalise après coup que sa venue dans le restau s'était faite dans un parfaite indifférence, ce qui n'est pas courant au Maroc. D'habitude, il y a toujours quelqu'un, voir plusieurs personnes bien intentionnée qui avec force mots gentils vont faire l'aumône traditionnelle aux indigents.

Ici dans ce Maroc du Nord, les gens sont plutôt rustres. Est-ce leur pudeur, leur gêne vis-à-vis de l'extrême pauvreté qui les enferme dans cette indifférence feinte ?

Toujours est-il que notre gaillard nous bafouille quelques remerciements incompréhensibles.

Après être resté un long moment à réfléchir, peut être sur la meilleure façon d'utiliser son trésor, le mendiant va finalement acheter quelques sardines avec ses dirhams. D'habitude la encore je connais bon nombre de restaurateurs dans tout le Maroc qui auraient refusé l'argent du mendiant.

Après cet événement les regards méprisant se sont adoucis. Les mécréants d'européens que nous étions n'étaient peut être pas aussi mauvais qu'ils n'y paraissaient. C'est donc seulement avec indifférence que nous sortons par l'allée transversale de cette terrasse.

Quand nous arrivons à notre véhicule couvert par la poussière de notre trajet nous distinguons quelques mots écrits en arabe avec le doigt sur notre vitre arrière.

Ne comprenant pas l'arabe je ne sais ce que veulent exprimer ces mots, 'Sale' peut être ou bien quelques mots bien sentis à l'encontre de ceux qui ne sont pas à leur place. Toujours est il que je ressens ces mots là comme une souillure sur la crasse de mon 4x4 que je m'empresse de frotter.

Après avoir fait les manœuvres nécessaires pour sortir mon véhicule de cet endroit, je sens alors un regard pesant sur moi. Nous tournons les yeux ma femme et moi vers la terrasse de la paillotte que nous avons quitté. Là nous assistons à une scène pour le moins étrange. Notre mendiant est là debout, immobile dans toute sa hauteur squelettique, un peu comme au garde à vous, tenant son sandwich d'une main et nous faisant signe lentement de l'autre. Est-ce son regard hagard ou bien l'indifférence général de tous les autres assis à leur table qui me donna l'impression un court instant que ce mendiant était comme un fantôme que nous étions les seuls à voir. Cette scène restera longtemps gravée dans ma mémoire.

Sur le retour vers Oued Laou notre regard aura plongé maintes fois sur ces criques sauvages où la roche et les galets noirs donnent ce bleu profond ponctué ça et là de touches un peu plus claires. Le Rif marocain a du mal à céder sur la présence ineffable de cette mer méditerranée.

Celui-ci par ses parois de plusieurs centaine de mètres presque verticale plonge de façon si brutale dans cette mer que l'on réalise le combat incessant et sans merci que se livrent mer et terre depuis la nuit des temps. Il est moins surprenant alors, à la vue d'un tel affrontement de penser que les gens d'ici soient si rustres et obstinés. Souvent les montagnards sont entiers, sans compromis parce que chaque mètre franchi, chaque mètres carré gagné constituent une vrai lutte pour la vie. La solidarité ne s'exprime alors que pour les proches, les autres, ceux de la plaine ne pourraient pas comprendre combien il est difficile de vivre dans cet endroit. Que de temps perdu pour comprendre que chaque fleur qui pousse quelque part aura besoin de la même énergie et devra consentir les mêmes sacrifices. Ce n'est simplement qu'une question de temps.

A cette croisée des chemins, je propose de remonter sur Chefchaouen étant donné que la route côtière vers ElJebbha semble trop accidentée et longue à n'en plus finir, Ensuite nous déciderons soit de revenir à l'ouest sur Tanger afin de mettre un terme à notre périple marocain, soit de poursuivre cette découverte de la cote nord du Maroc en bifurquant à l'est vers Al Hoceima par la seule nationale praticable.

Chefchaouen, village de montagne typiquement mauresque avec ses spécialités artisanales est une étape aux dires des guides touristiques, totalement incontournable. Excusez nous du peu mais pour apprécier un tel village il faut vraiment être amoureux des villages de montagne.

Ceux-ci ont souvent la particularité d'être magnifique de loin parce que l'étagement des toutes les constructions permet de l'admirer dans un espace à trois dimensions que les villages de plaines ne pourront qu'envier.

Cet étalage de tous ces parements blancs et blancs bleutés que ce village offre au regard du voyageur éloigné, prend malheureusement un tout autre aspect lorsque l'on se promène dans les ruelles étroites enserrées par ses maisons de deux à quatre étages qui ne permettent aucune perspective. Les couleurs pastel de loin deviennent poussiéreuse et sales de près.

Ce manque d'espace est souvent caractéristique de ces villages de montagne où l'espace vital est encaissé et emprisonné entre deux pièces énormes de montagnes aussi majestueuses qu'étouffante. Il est toujours étonnant de constater que la montagne pour être appréciée doit se mériter tout en haut de sa cime, d'où l'on admire l'infinie grandeur de la Terre. Dans ses vallonnements l'homme redevient alors la fourmi qu'il a toujours été et la montagne n'est en fait là que pour lui rappeler qu'il est poussière.

Frustrant non ?

Des virages et des courbes, des virages et encore des courbes, je donnerai une fortune pour une petite ligne droite. Notre route jusqu'à Al Hoceima n'est en fait guère moins sinueuse et accidentée que celle que nous avions abandonnée le long de la cote, à ceci près que celle-ci est goudronnée sur presque toute la distance.

La traversée des quelques villages qui s'échelonnent sur ce trajet semble être à chaque fois une épreuve. La route devient alors plus chaotique tant les nids de poules sont nombreux. La frontière traditionnellement bien établie entre les rues et les magasins des villes modernes disparaît complètement dans ces petits villages. La foule très dense envahit l'espace qui est laissé disponible par toutes ces échoppes qui étalent leur bric à braque d'équipements ménagers, de fruits et légumes et de viandes variées. Cette foule qui nous laisse presque à regret nous faufiler dans ce dédale de jambes et d'étals nous jettent des regards obscurs et insondables qui nous ne donnent pas envie de nous y arrêter.

Après avoir roulé pendant plusieurs heures nous profitons de notre passage à Ketama, la seule bourgade un peu plus grande pour envisager de s'arrêter manger.

Une station service propose comme d'habitude son petit restaurant mais celui-ci ne sert pas que des viandes accrochées négligemment à des crochets de boucher d'un autre âge mais aussi les mouches avec. Nous décidons d'aller un peu plus avant dans ce village en espérant trouver un restaurant plus présentable. Nous finissons par trouver notre bonheur, tout relatif certes mais malgré tout avec une hygiène suffisante pour nous éviter une gastro-entérite avant le soir.

Nous commandons une salade marocaine et un tagine de légumes en entendant un programme TV religieux. Se sustenter avec les sourates du Coran en fond sonore entonné avec ce train-train habituel et lancinant que seuls les initiés peuvent comprendre et apprécier, ajoute à l'amertume d'une cuisson trop prononcée pour ce plat que nous ne finirons pas.

Au sortir de ce village qui ressemble plus à un bidon ville qu'à un relais touristique, un hôtel étrangement moderne et luxueux semble hors du temps et du contexte. Ketama est un haut lieu du shit marocain et cette plate forme de la 'marocaine' doit vouloir dorloter certain de ses clients fortunés…

La suite de notre trajet vers Al Hoceima nous emmènera sur les mêmes paysages vertigineux de la sierra sans fin du Rif.

Un boulevard très large contrastant après cette route sinueuse sans fin nous conduit aux abords d'Al Hoceima. Ce boulevard bien que large et donc rassurant, colle au relief très accidenté du littoral, ce qui le transforme en montagnes russes vite impressionnantes.
Notre destination est des rares campings conseillés par les guides touristiques dont le fameux guide du Routard 2009. L'incertitude commence malgré tout à nous gagner quand nous nous garons sur le parking du soit disant camping qui est étrangement vide et à coté duquel ne trouve en fait qu'un seul restaurant tout aussi peu fréquenté. Le serveur qui essuyait négligemment les tables de la terrasse sous un soleil de plomb, nous explique que notre fameux camping était fermé depuis un an pour des

raisons sanitaires. Si l'on regardait le bon coté des choses, cela nous éviterait peut être d'attraper une maladie quelconque, mais d'un autre coté cela voulait dire que nous étions pour le moment sans toit pour passer la nuit.

Mais le serveur nous rassure presque immédiatement en nous décrivant un nouveau camping quelques deux kilomètres avant la ville. Nous aurions d'ailleurs du le remarquer, il n'était en fait pas possible de rater la magnifique plage d'Issly sur laquelle il était posé.

Nous rebroussons donc chemin pour aller trouver cette plage tant vantée. L'accès à celle-ci est contrôlé par un garçon de parking qui nous demande sa dime pour y entrer.

Cette plage de galets s'étire sur cinq cent mètres entre deux pointes rocheuses. Ponctuée en son milieu et à ses extrémités par trois paillottes, celle-ci accueille effectivement sur toute sa longueur un alignement plus ou moins dense de tentes de toutes générations.

Néanmoins, la présence de tentes récentes lui donne un petit air de modernité sympathique. Nous nous dirigeons vers la paillote qui nous semble être la réception du camping. Ce caractère de respectabilité était du au petit drapeau marocain qui flottait fièrement sous le vent au dessus de la toiture de canis. La discussion va bon train dans la pénombre de la terrasse de cet établissement.

Mon arrivée dans ces lieux impose immédiatement un silence digne des films d'aventure au cours desquels l'acteur entre dans ces bars où les gens du cru discutent fortement entre eux et se taisent subitement au moment de son irruption dans l'unique salle où seule encore l'horloge semble hésiter à arrêter son balancier, pour peu qu'elle ait le pouvoir d'arrêter le temps.

Le spectateur retient alors son souffle et se demande à que moment l'un des autochtones va sortir une arme quelconque afin d'éliminer le visiteur importun. Mais que celui-ci se rassure, je me fends d'un Salam Alaikum bien articulé et sonore et la populace me répond d'un seul son aussitôt détendue. Ce visiteur n'est peut être pas si méchant que cela, s'il connaît les us et coutumes locales. Je mets ceux-ci encore plus à l'aise lorsque je demande où je peux rencontrer le chef du camping.

Et oui la notion de chef de clan existe toujours au Maroc et par la même je donnais donc une note de respectabilité à ce lieux si j'y cherchais le cheikh local. Tous alors s'accordent à me montrer une personne un peu plus âgée que les autres comme étant le Big Boss du coin. Après lui avoir demandé comment faire pour installer notre tente sur ce beau camping, celui-ci me répond que je n'ai qu'à la poser là quelque part en face de nous.

C'est un endroit à ses dires, où il n'y a que des familles raisonnables et des personnes correctes. De l'autre coté de la plage, ce sont des jeunes un peu trop bruyants, voir chahuteurs qui donnent mauvaise réputation à cette autre extrémité du lieu. Non en fait, nous avons vraiment bien fait de venir s'installer vers lui ; je demande le tarif et là je déclenche un grand rire général
- Le prix ? ... Mais c'est gratis ici, c'est un camping sauvage.
- Tu t'installes un point c'est tout, mais n'aie aucune crainte, tu es sur le bon coté et en plus

je te présente AbdelKhahim, c'est le patron du restaurant, il dort ici,
- tu gares ta voiture à coté et elle sera en sécurité ici.

Ma femme absorbe mes explications avec une neutralité qui m'étonne, d'autant plus qu'elle d'habitude plus méfiante et craintive que moi. Elle fait le tour des emplacements possibles de notre futur toit sur cette plage de galets inondés soleil. Je regarde incrédule la scène. Ma femme fait des petits bonds de joie en claquant des mains et revient vers moi enthousiaste.

Parmi la faune colorée des personnes se trouvant sous la terrasse de cette paillotte, un imposant européen parlant le français avec cet accent sympathique et trainant propre aux belges nous souhaite la bienvenue dans ce havre de paix.

Même la mer Méditerranée semble nous faire des clins d'œil aguicheurs avec ses petites vaguelettes réfléchissants le soleil par petites touches scintillantes.

J'ai du mal à expliquer à ma femme qu'il s'agit tout de même d'un camping sauvage !!

Première ombre au tableau toutefois, le bloc sanitaire pourtant presque neuf mis en place par la commune juste derrière la paillotte ne fonctionne pas. Il faut donc aller le bloc sanitaire vers la paillotte du milieu de la plage pour pouvoir nous soulager.

Attendant de voir revenir ma femme de cet endroit nécessaire, je compose frénétiquement les numéros de téléphones des quelques hôtels de la ville. Les réponses que j'obtiens en retour sont malheureusement toutes négatives. Aussi ma mine déconfite contraste étonnamment avec celle radieuse de ma femme quand elle revient vers moi affichant un sourire allant jusqu'aux oreilles. Je réalise alors que Lili a adopté cet endroit, bien évidemment étant donné que l'on ne peut que rester lorsque l'on a des sanitaires aussi propres.

Nous revenons donc vers cette paillotte accueillante où nous prenons nos mesures sur cette belle plage qui affiche un joli patchwork de galets blancs crème et d'autres de couleur rouge brique.

Après avoir posé facilement notre tente keshua à l'ombre d'une petite palissade de canis, nous allons boire un thé dans la paillotte du 'responsable'. Cet endroit où l'on rencontrera des gens si différents que beaucoup de choses peuvent opposer mais qui par un dénominateur commun fantastique se retrouvent souvent ici.

Mais avant de découvrir ce point commun, l'européen que je suis avait du mal à croire que nous allions passer des moments sans encombre dans cet endroit peut être paradisiaque mais un peu en dehors même des lois marocaines. Je me rappellerai donc assez longtemps cette première nuit passée dans notre tente bercée par le ressac qui isolait notre intimité de tout le reste du monde. Je me forçais à me tenir éveillé et y arrivait toutes les dix minutes afin de ne pas me laisser surprendre par un quelconque bandit imaginaire. Je tenais fermement mon laguiole ouvert dans ma main le long de mon corps un peu coincé sous mon matelas afin de ne pas desserrer inconsciemment ma main et ainsi être près au cas où.

Un peu futile, n'est ce pas ?

Mais lorsqu'on construit ses opinions à partir des témoignages des guides touristiques, on définit de curieuses limites qui pourraient amuser ou offusquer les autochtones visités. Néanmoins, encore aujourd'hui, je ne regrette pas cet excès de prudence. Peut être est ce ma méfiance certainement palpable par les autres et mon sentiment de danger qui nous ont en fait protégé durant les quelques jours passés dans cet endroit magique.

Si certains habitués du lieu m'on assuré à maintes reprises que nous ne risquions rien ici, c'est peut être parce que ils me sentaient en alerte qu'il ne s'est rien passé de grave.

Ne jamais baisser sa garde tout en restant courtois et respectueux est une façon de passer son chemin sans trop d'embuches dans un pays étranger.

Inversement on peut toujours rire de mon comportement à la Don Quichotte. Mes moulins à vent étaient peut être imaginaires mais le ressac hypnotisant me disait plutôt qu'il me fallait être vigilant.

Etait ce là un phénomène de contradiction ?

Certainement d'autant plus risible que les seuls autres bruits dans la nuit étaient ceux créés par le chien d'Hassan qui jouait inlassablement avec pouik pouik. Chacun de ses virevoltements déclenchait des petites cascades cristallines occasionnées par tous les galets délogés.

En fait je pense que l'amour pour cet emplacement plein de charme et un peu hors du temps permet à tous ces gens qui viennent ici, d'endosser pudiquement un costume de plénitude et sagesse qui développe et confirme jour après jour, cette gentillesse naturellement cachée que nous avions eu tant de mal à découvrir jusque là.

C'est là le point commun à tous ces gens forcément inoffensif en tout cas une fois posé dans ce lieu paisible.

C'est ainsi que j'ai pu entamer la conversation avec Faouzi, un marocain francophone. Faouzi travaille dans une banque et il recèle, à défaut de beaucoup de pièces d'argent ce qui pourrait paraître étrange pour un banquier, un trésor de culture générale. Les tournures polies de ses phrases décortiquent souvent de façon crue et lucide les problèmes et les avantages de la vie marocaine. Comme beaucoup de marocains, Faouzi a plusieurs activités. Parmi celles-ci, il fait un peu d'immobilier et a justement des appartements à louer en ville. Je lui demande donc à visiter l'un de ceux-ci. Rendez vous est pris pour le lendemain matin dans un petit bistrot facile en trouver en ville.

Le lendemain assis à la terrasse de ce bar, face à la mer, nous attendons tranquillement ma femme et moi, la fumée légère d'un café jouant devant nous à cache-cache avec le soleil levant. Faouzi arrive légèrement en retard ce qui est toujours un peu en avance pour un marocain et engage la discussion avec sa bonhommie et sa gentillesse habituelle. Après avoir pris notre café tous les trois, nous commençons par visiter la ville selon ses gouts parce qu'il a décidé de nous faire faire un peu de tourisme avant de passer aux choses sérieuses. Nous aurons ainsi la chance de voir sa ville selon la façon dont il l'a voit. Un passage devant le palais de sa majesté le Roi Mohamed 6, nous emmène ensuite le long d'une des plus jolies plages du centre ville d'Al Hoceima pour aboutir sur les quais du port de pêcheurs surprenant par sa propreté et l'état remarquable de ses chalutiers. Nous devinons que nous sommes sur son terrain de prédilection où il se plait à trainer et retrouver dans les différents bistrots ses différents copains.

Après la visite de ses appartements meublés avec beaucoup de gout, Faouzi nous invite à prendre un verre dans sa maison. Sous la tonnelle, habillée de vigne vierge dans son jardinet, il nous présente sa femme Malika tout aussi charmante et avec laquelle nous allons pouvoir discourir avec beaucoup de plaisir sur tout et rien à la fois. Cette conversation naturelle est beaucoup plus riche d'apprentissage sur les habitudes de chacun que n'importe quel livre de voyage.

Nous apprenons qu'ils ne sont pas exactement du Rif, mais de la région d'Oujda. Cette province voisine de l'Algérie, a vécu ses années difficiles lors du divorce douloureux de l'Algérie d'avec la France. Bon nombre d'émigrant algériens pro-français sont venus se réfugier à la frontière marocaine. Si on ajoute à ce passé la culture marocaine de ces régions proches du désert où la langue française a toujours été enseignée avec beaucoup de respect et de conviction, il est alors plus facile de comprendre la subite sympathie qu'ont pu nous inspirer nos hôtes.

Le Rif est un monde à part où leurs habitants ont du mal à communiquer avec les étrangers. Il faut se rappeler qu'au début du siècle dernier, les chrétiens étaient persona non grata dans ces régions. Un européen qui avait donc l'affront de pénétrer dans cette province en payait le prix de sa vie. Aujourd'hui, il est donc encore normal de constater que le Rifien a du mal à accepter les étrangers qu'ils soient d'ailleurs ou ne soient pas marocains.

Faouzi et sa femme nous expliquent qu'il leur a fallu cinq bonnes années pour se faire accepter dans leur quartier. Aussi surprenant que cela puisse paraître, c'est la langue qui a été leur principal obstacle.

Le Rifien parle peu le marocain et encore moins le français. Il parle surtout et avant tout le rifien. Malika nous rapporte une anecdote édifiante à ce sujet.

A partir du moment où ils ont finalement été acceptés par leur voisins, Malika a pu renouer avec les discussions traditionnelles parmi les autres femmes. Chacune amenant ses recettes de grand-mère, Malika a donc montré un produit local d'Oujda, une sorte de fève de haricots géants qui constitue un bon compromis pour la lessive ménagère. Ses voisines étant intéressées, Malika leur en donna quelques échantillons.

Quelle ne fut pas alors sa surprise quand elle fut rabrouée avec véhémence, quelque jours plus tard, par l'une de ses voisines. Celle-ci lui reprochait que son tajine était complètement raté à cause d'elle. En effet les haricots que Malika était censée lui avoir donné avaient pourri son plat.

Malika qui ne se rappelait plus lui avoir donné des légumes demande à voir l'objet du forfait. Elle pu alors voir avec dégout que sa voisine avait utilisé son savon biologique en guise de légume d'accompagnement. Elle pensait pourtant lui avoir expliqué correctement le rôle et la fonction de ce végétal, mais une fois encore, l'obstacle de la langue, la subtilité des mots lorsqu'ils n'abordent pas les choses courantes empêchent les gens de bien se comprendre.

La démonstration par les gestes est alors plus parlante.

Lorsqu'elle eu sorti l'une de ces grosses fèves de ce tajine déjà un peu mousseux et plongé dans un bol d'eau, au bout de quelques secondes, le liquide ainsi obtenu se transforma en lessive bien savonneuse qui ne laissait aucune ambigüité. Il suffisait de bien rire de la confusion et de se réconcilier après cette incompréhension.

De discussions en confidences, nous avons fini par lier amitié avec ce couple marocain. Le soir nous nous retrouvions à la table d'un restaurant spécialisé dans les poissons et toutes sortes à l'intérieur même du port, le royaume de Faouzi. Et le lendemain, nous étions invités à manger le couscous chez eux. La convivialité des marocains qui vous font l'honneur de passer un moment avec eux s'exprime parfaitement dans la géométrie et l'arrangement des sofas du salon marocain. Celui-ci est disposé tout autour d'une grande table basse circulaire et permet ainsi aux personnes d'êtres assis confortablement comme dans nos salons avec dans le même temps, l'accès au plat central disposé au centre de la table à portée de la main.

Piocher au fur et à mesure de son appétit avec sa cuillère (ou avec la main tout simplement suivant son envie) dans le plat unique joliment décoré constitue une façon originale et agréable de déguster un couscous à l'orientale.

La vie se déroule sereinement sur notre plage camping sauvage d'Issly. Nous avons fait connaissance avec tous les habitués de ce coin tranquille de la plage. Ils viennent y passer un moment de repos, chacun selon son emploi du temps et ses envies. Le patron du petit restau est une personne simple et tellement gentille qu'il n'est presque pas nécessaire de lui demander quelque chose tant il est capable de prévenir tous nos besoins.

Au lever après avoir fait quelques pas, (pas trop) pour se plonger une première fois dans cette eau bleu transparente, il suffit d'aller s'asseoir auprès d'une des petites tables de fortune que Hassan a installé sur la plage, pour qu'il arrive après une dizaine de minutes, portant un plateau sur lequel fument un café au lait et un thé bnaanaa ou encore vert à la menthe, autour desquels trônent des morceaux de galette marocaine et une assiette remplie d'œufs aux plat issus de ses propres poules garnis d'olives et de viande confite, le tout baignant dans une huile d'olive qui vaut bien tous les jus de fruits.

Il est des gens qui n'ont pas besoin de connaître un vocabulaire fourni pour exprimer leur bonté, celle-ci jaillit tout bonnement de leur regard et sort sans retenue d'entre leurs dents manquantes que l'on voit souvent à chacun de leur sourire.

Toujours prêt à rendre service comme nous le verrons plus tard, Hassan et son chien auront surveillé ma voiture sitôt qu'elle était stationnée près de la paillotte. Souvent en revenant de nos promenades pédestres ou bien des douches situées au centre de la plage, nous étions accueillis par le chien d'Hassan dont la race s'apparente à celle du Rantanplan de Lucky Luke qui nous faisait la fête et assurant si cela était nécessaire, par son regard un peu gauche, qu'il veillait au grain, toujours à son poste, juste derrière mon véhicule.

Le soir après que la pointe rocheuse de Nador à l'Est d'Al Hoceima ait irradié de sa couleur rouge les derniers rayons du soleil se couchant dans notre dos et que le calme gagnait tout doucement cette plage qui avait connu son lot de plaisanciers, les habitués de la gargote d'Hassan se mettent à parler plus doucement. Puis lorsque la nuit est bien en place et qu'après avoir résister en lisant quelques lignes, nous nous apprêtions à nous coucher, lentement les différents groupes venus fumer le kif en face de la mer, changent de tables afin de s'éloigner de notre tente pour que leurs paroles ne nous gênent le moins possible. Cette délicatesse alors que nous n'avions bien sur rien demandé nous incite à un grand respect pour tous ces gens que nous avons eu la chance de rencontrer ici.

Le ressac incessant à l'instar de son pouvoir berceur peut aussi se révéler assez bruyant. Aussi n'est-il pas rare de se réveiller à n'importe quel moment de la nuit. Montaigne écrivait qu'il était doux de se faire réveiller en pleine nuit ne serait ce que pour avoir le plaisir de se rendormir. Encore ne faut-il pas voir des centaines de choses dans la tête à ce moment là. Toujours est-il qu'il nous est arrivé au moins une fois pendant ce court séjour de se réveiller un peu avant l'aube. L'émerveillement et l'excitation suscités par notre situation nous ont incités à jeter un œil curieux par notre petite lucarne de tente. Sur la mer encore sombre comme la nuit se reflétaient les lumières puissantes d'une dizaine de sardiniers qui ramassaient pour la dernière fois leurs filets avant de rentrer au port. Déjà sur notre droite derrière la pointe rocheuse qui nous cache de Nador à l'est, la lueur rouge de l'aurore commence à poindre, projetant des langues de feu sur la surface encore noire de la mer.

Au fil des minutes qui s'égrènent dans le silence qui cède du terrain au jour qui commence, la silhouette des bateaux commence à se découper de plus en plus nette sur cette met et ce ciel qui s'embrase. Maintenant le jour prend sa place en maitre, l'eau un moment grise, vire au bleu profond, ce bleu que l'on aime, et les pêcheurs se décident à rentrer au port dans un ronronnement sourd issu de moteurs d'un autre âge. Je regarde ma femme encore plus belle comme cela au matin avec son regard émerveillé, témoins privilégiés que nous sommes d'un spectacle unique.

La cuisine d'Hassan est à la hauteur de sa gentillesse. Diner en soirée avec des sardines sandwich à la coriandre servies par ses soins pourrait être enviées par tous les nababs de la terre.

Recette de la sardine 'sandwich' :
- Vous nettoyez et ouvrez deux sardines afin de leur enlever tripes et colonne vertébrale.
- Vous préparez une farce composée de coriandre, ail, oignons et persil déliée dans un peu d'huile d'olive.
- Vous enduisez d'huile d'olive vos sardines ainsi aplaties.
- Vous étalez la farce sur la partie chair des sardines.
- Vous disposez farce contre farce ou encore chair contre chair deux sardines de façon à

constituer un vrai sandwich où le cœur est la farce.
- Vous faites cuire votre sardine sandwich coté peau sur une plancha ou sur la grille du barbecue pas trop fort selon votre équipement de cuisson.
- Une fois cuit servez votre sandwich dans une assiette légèrement arrosé d'huile d'olive et une petite salade marocaine.

Tous les deux, ma femme et moi avons pensé à juste titre que nous étions privilégié à déguster nos sardines sandwich assis à notre table, protégés du soleil par un parasol en paille et admirant la mer qui après quelques rouleaux s'étale lascivement sur les galets à quelques pas de nous.
Les matins après avoir profité de façon exclusive et privilégiée de cette plage qui nous était un peu comme offerte, nous avions pris l'habitude de voir passer devant notre campement, un plongeur sous marin, un poisson ou un poulpe empalé sur le dard de son fusil harpon. Cet athlète semblait suivre un entrainement de spartiate quotidien afin de s'assurer sa bonne santé nécessaire.
Quelques plongées en apnée m'ont permis de comprendre l'intérêt que pouvait avoir ce

plongeur à inspecter et ratisser quotidiennement les fonds marins. La faune y est effectivement abondante. Il n'est pas rare de surprendre des poulpes, pourtant plus discrets que les poissons, en train de se délecter d'un coquillage ou d'une étoile de mer qu'ils manipulent habilement avec leur tentacules.

La présence de cette faune sans complexe rassure encore un peu sur la préservation de cette mer méditerranée pourtant bien malmenée par nos nations industrielles.

Le cadeau qu'elle nous faisait sur cette plage encore très sauvage était donc d'autant plus important.

L'homme dit civilisé avec son urbanisation trop souvent constituée de constructions bétonnées et d'usines crachant toutes sortes de pollutions n'a pas encore pu laisser sa trace sur ce petit paradis. Nous avons eu du mal à nous extirper de cet endroit merveilleux pour aller visiter les alentours, pour suivre plus à l'ouest sur quelques kilomètres aventureux de pistes non goudronnées, la cote escarpée du Rif jusqu'à la bourgade de Cala Iris. Ce petit port de pêcheurs a gardé son charme de station humaine du bout du monde. Sa petite plage située dans une crique de sable gris regarde deux petits ilots rocheux, sortes de sentinelles veillant à ne laisser entrer aucun gros poisson ni tout autre intrus dans ce petit havre de paix. Bien sur il sera encore difficile d'exhiber nos maillots de bains. Certaines femmes sont quand même en bikini, mais la plupart sont là encore voilées. Cependant les regards sont moins pesants que sur les premières plages de notre périple.

Le coté Est n'est pas resté en manque avec la magnifique baie de SFiha.

La plage de SFiha est accessible par une petite route sinueuse qui déroule des virages impressionnants accrochés sur un relief escarpé où les quelques pins qui ont réussi à poser leur racines sur ce sol rocailleux nous cachent de temps en temps le point de vue vertigineux que l'on a sur la baie.

Celle-ci présente une grande anse de sable fin qui entoure presque la mer laissant filtrer des reflets bleu clair parmi cette immensité habituellement bleu sombre. Fichée au milieu de ce beau tableau bleu, se pose fièrement le Penon de SFiha. Cette petite ile tout aussi escarpée que le littoral voit ses défenses naturelles renforcées par un enchevêtrement important de fortifications à la Vauban. Les espagnols vivent encore sur ce petit bout de terre ibérique et ont bien veillé à condamner toutes les fenêtres même les plus petites en direction du continent africain.

Nous sommes assis sur nos nattes posées sur le sable à regarder cet ilot fortifié et peu engageant au dessus duquel émerge un clocher et sa croix qui rappelle au monde d'en face que l'occident a lui aussi ses intentions sinon de conquêtes belliqueuses mais du moins d'envahissement progressif.

Devant ce tableau impressionnant les petites vagues de la méditerranée nous invitent à nous baigner dans cette eau tiède légère et brassée. Derrière nous, une sorte de mini paillote constituée d'épaves de véhicules divers et d'éléments de construction rejetés par la mer affiche fièrement une pancarte 'SANDWICH'.

Tous les baigneurs du coin y passent quelques minutes pour acheter une bricole à grignoter et continuent ensuite leur promenade le long de la plage.

Les familles marocaines posent leur campement sur les plages de façon à recréer un univers plus ou moins protégé du reste du monde. Autour d'un parasol protégé à l'arrière par de grandes serviettes fixées par des liens à des petits rochers qui donnent l'impression d'une tente de bédouin sont disposées des chaises en plastique blanc sur lesquelles sont assis Mère et Père. Ils sont assis là, l'un à coté de l'autre où la pudeur officielle leur interdit d'afficher un quelconque signe d'affection.

Elle, souvent habillée de pieds en cape, couverte bien sur d'un foulard, laissant visible seulement sa face qui vous regarde avec la plus grande neutralité.

Lui, laissant apparaître au mieux son buste, regarde bon enfant sa progéniture qui joue sans complexe en maillot de bain comme dans toute plage européenne. Il est donc alors étrange de voir cohabiter dans une même famille deux mondes séparés par la barrière des âges, comme si l'enfance avait le droit à la liberté et l'insouciance et l'âge adulte devait se replier sur lui-même et en pas profiter du même espace avec les mêmes libertés.

D'un coté les enfants qui courent, sautent et rient à pleins poumons en vrai maillot de bain et d'un autre coté les adultes, sérieux, peut être bon enfant malgré tout mais pudique avant tout où l'Islam transparait dans leur gestes qu'ils veulent constamment mesurés.

Nous sommes concernés dans ce qui nous est le plus intime, nos vacances ont toujours conservées ce caractère d'enfance ou seule la liberté de jouer avec le vent, avec le soleil, avec le sable pouvait définir nos limites. Celles du corps qui simplement habillé d'un maillot de bain même décent va pouvoir profiter d'un soleil qui lui réchauffe la peau, du vent qui lui caresse le dos et de l'eau qui entre dans tous les pores de la peau.

Nous nous étions normalement décidés de partir de notre plage après deux jours à l'essai, nous y sommes en fait restés cinq. Mais la mer méditerranée un peu pour nous faire peur peut être, et beaucoup pour nous dire aussi qu'il était temps de ne pas abuser de bonnes choses, nous aura fait quelques émotions lors de notre dernière nuit.

Après nous être couché toujours sous le charme de ce petit paradis, nous étions bercés par une mer un peu plus agitée que d'habitude. Avec ma femme, je plaisantais sur le fait que la mer pourrait bien venir flirter avec le pied de notre tente.

Réveillés plus tard dans la nuit, par le bruit un peu plus suspect que font d'habitude, les galets délogés par le chien d'Hassan, nous entendons alors une véritable dégringolade de galets et de coquillages. Comme deux oisillons craintifs, collés l'un à l'autre, regardant sur le rebord de notre petite fenêtre de tente, nous scrutons alors l'obscurité que la lune qui d'habitude amicale nous éclaire un peu, mais dont les rayons cette fois ci, n'arrivent pas à passer au travers d'un manteau nuageux certainement trop épais.

Même dans le noir absolu, le moutonnement d'une vague lorsque celle-ci est assez violente, marque bien de sa partie blanche le noir de la mer.

Nous pouvons alors admirer une de ces belles bandes blanches d'un mètre de large à moins de deux mètres en contrebas de notre tente. Cette masse d'eau infernale vient s'écraser sur le petit contrefort qui était censé protéger jusqu'à maintenant, notre tente, de cette mer vraiment calme et sans dangerosité.

Bien entendu, l'eau en furie ne se contente pas de se fracasser contre cette petite protection, elle remonte jusqu'à mordre la bâche qui délimite notre bivouac.

Puis quand elle se retire violemment, elle nous congratule de ce joli concert cristallin de galets qui s'enfuient de toutes leurs forces de cette plage qui vibre sous les assauts de cette tempête naissante.

Ce point d'orgue sonne pour nous l'ordre du repli immédiat. Nous bondissons hors de la tente et commençons à rapatrier toute notre maison plus en retrait sur la plage.

Nous n'étions pas levés depuis quelques minutes que Hassan le chef du restau, était déjà là pour m'aider à transporter en une seule fois notre tente laissée montée. C'est lui qui nous conseille alors de nous mettre franchement plus haut que ce que nous avions projeté. Il estime que cette tempête ne fait que commencer et peut devenir plus dangereuse encore. Déjà il ramène autour de notre tente ainsi déplacée des pierres énormes afin de la fixer plus solidement. Il tourne autour de nous à se creuser la tête pour que nous puissions continuer notre nuit sans encombre. Je réalise vraiment que ce grand gaillard était un véritable ange gardien et que nos craintes du début n'étaient vraiment pas fondées.

Après avoir presque tout déplacé, nous nous estimons heureux d'avoir évité le pire et prêt de nouveau pour continuer notre nuit.

J'allais chercher pour un dernier voyage, notre petit réservoir d'eau posé en surplomb sur quelques gros galets. A l'instant où je le saisis, je vois s'éparpiller des centaines de points noirs d'autant plus visibles que les galets étaient blancs. Bien sur certains de ces points noirs montent à l'assaut de mes pieds. La danse de Saint Guy qui peut constituer un exercice artistique un peu fol dingue quand les raisons sont seules connues d'un fou devient une nécessité quand ces raisons sont des cafards. Cela ressemblait sans nul doute à des cafards, des centaines de cafards courant en tout sens et surtout sur les pieds et les jambes pour susciter cette peur panique.

Ressaisis-toi Jean-François !

Ne montre surtout pas à ta femme que la situation dans la tente doit être aussi catastrophique. Je me précipite posément vers notre tente maintenant à l'abri, ouvre le battant ou plutôt arrache calmement le battant de notre ouverture et éclaire immédiatement l'entrée de celle-ci. Je fouille frénétiquement dans les replis des duvets aux pieds de nos matelas. Pas de doutes possible, je distingue sans problème une dizaine d'exemplaires des mêmes congénères que ceux que j'ai affrontés plus bas. Je regarde successivement ce sol souillé puis ma femme qui déjà s'était recouchée. Je lui demande sans possibilité de négociation de sortir ou plutôt de s'éjecter de la tente. Et voilà que nous offrons un spectacle pour le moins bucolique de matelas, duvets et autres équipements posés en tas sur la table de camping, secouant nerveusement notre tente à l'envers, le tout sous les médusés de notre ange gardien.

Je soupçonne même le chien d'Hassan, Rantanplan, d'incliner la tête en essayant de comprendre notre nouvelle coutume. Après m'être battu avec une chaussure pour exterminer les dernières bestioles, les dernières rescapées avaient enfin compris qu'il fallait déguerpir de cet endroit inhospitalier. Après avoir inspecté un à un tous les objets posés sur la table afin de les restituer à notre tente, nous avons enfin pu nous recoucher.

Pendant tout ce temps, nous avions presque oublié que la mer était en train de se déchainer à quelques mètres de là. Celle-ci était en train de nous exprimer son impatience de nous voir partir de cet endroit magnifique qu'elle nous avait prêté. Mais prêté n'est pas donné et donc il nous a fallu le rendre dès le lendemain, en décidant donc dès le matin d'entamer notre chemin du retour.

Nous avons quitté cette jolie plage trop tôt pour pouvoir dire au revoir à Hassan mais le chemin du retour était long, ne serait ce que pour atteindre vers midi le village de Chefchaouen.

La remontée à travers le Rif vers Chefchaouen se révèle d'ailleurs plus longue qu'à l'aller. La route littéralement mangée par les virages et les travaux rend sa pratique difficile voir dangereuse. L'impatience accumulée à se trainer derrière un poids lourd impossible à dépasser peut vous faire prendre des risques inconsidérés dont les conséquences peuvent être graves.

La mer nous avait déjà signifie qu'il était temps de rentrer chez nous. La nature semblait confirmer ce message. Contrairement à tout notre séjour, les nuages maintenant présents, montraient clairement leur intention de s'accumuler sur les cimes des montagnes alentours

Le Rif peut s'avérer assez hostile en hiver et je pense qu'aujourd'hui, il nous montre seulement un pâle reflet de ce dont il peut être capable. Notre chemin entre Bni Hadifa peu après Al Hoceima et Targuist emprunte une route qui suit une crête, sorte de première lame aiguisée des contreforts du Massif Tidiquim. Les nuages qui semblaient s'accrocher presque immobile lorsqu'on les regardait de loin, en fait caracolent vraiment en déroulant leur chevelure blanche ou grise sur les moindres cols entre les pointes rocheuses. La crête est alors semblable à un barrage où la mer de nuage accumulée sur l'un des versants déborde et se répand fougueusement de l'autre coté.

Nous avons l'impression que notre véhicule va lui aussi être entrainé par cette marée déchainée. La température suit respectueusement l'affolement. Si près du littoral, celle-ci était proche des 30 degrés, elle atteignait péniblement les 17 degrés dans cet endroit désolé.

Notre descente dans les vallées du Rif nous fait oublier cet hiver précoce et nous prenons plaisir à avoir de nouveau un peu trop chaud.

Sur le chemin nous achetons un nouvel appareil à tajine. Dans cette région du Maroc, il n'est pas possible de trouver des plats ouvragés comme dans l'Atlas. Ils sont prévus pour être pratiques et résistants. Nous voilà donc repartis avec un plat magnifique couleur terre cuite et qui nous permettra par la suite de cuisiner d'excellents tajines.

Notre approche par l'Est du village de Chefchaouen nous réhabilite un peu de l'image sale et étouffante que nous avions retenue à l'aller. La bourgade flanquée sur le versant est de la montagne Tisouka affiche en fait assez gracieusement son patchwork sur fond blanc de petites façades à différents tons de bleus assez clairs. Sitôt bien sur que l'on se rapproche, où que l'on parcoure ses venelles, nous retrouvons cette sensation étouffante que nous avions à l'aller. Une des spécialités de Chefchaouen, nous a-t-on vanté, est l'huile d'olive. Nous sommes naturellement enclin à le croire tant nous avons pu apprécier l'huile d'olive faite dans le Rif. Nous garons notre véhicule dans un petit parking et moyennant trente dirhams, le gardien qui tient aussi une petite entreprise de lavage, nous propose de nettoyer à neuf notre 4x4 bien poussiéreux.

Trouver une gargote pour manger n'est pas difficile. Il suffit de se guider à la fumée produite par les barbecues qui sont traditionnellement exhibés à l'entrée des restaurants.

Malheureusement, ils sont tous complets, mais la simplicité et la générosité des gens font que dès qu'ils comprennent que l'étranger a au fond les mêmes problèmes qu'eux, ils se mettent en quatre pour nous ménager une place de fortune improvisée sur le tas en poussant quelques assiettes et en se serrant sur les bancs.

Nous ferons connaissance d'un gentil couple sans histoire. Le mari travaille dans une entreprise de génie civil à Rabat. Sa femme voilée, bien sur, occupe un poste dans une administration Rbati. Nous devons un peu les choquer en leur décrivant les difficultés que l'on a eu à se sentir bien sur la plupart des plages du Rif. Mais malgré tout, ils reconnaissent effectivement que les mentalités sont ici quelque fois un peu rétrogrades. Il ne faut pas oublier que Chefchaouen est une ville sainte et dans ce contexte nous viendrait-il à l'esprit de nous promener épaule nue, ou pire encore en maillot de bain dans les rues du Vatican ?

Au sortir de notre petit restaurant, nous passons devant une petite épicerie comme on se plait à les voir proche par son aspect de la caverne d'Ali baba où règne un bric à braque indescriptible que seul l'épicer est capable de reconnaître au premier coup d'œil.

Nous en profitons pour demander où nous pouvons acheter de l'huile d'olive. Celui-ci hésite, regarde à droite et à gauche. Il n'a pas cet article en stock à son catalogue un peu ubuesque.

Une rapide discussion avec un autre personnage surgi on ne sait d'où et le voilà qui se retourne tout sourire vers nous. Il en a et de la bonne pour sur, naturelle faite presque par lui pressée à froid en famille forcément dans sa maison. On nous demande donc de patienter un peu, quelques minutes marocaines, le temps pour moi d'aller vérifier à deux reprises où en était le nettoyage de ma voiture toujours inachevé une heure après avoir été confiée à ce spécialiste. Enfin au bout d'un temps interminable, notre épicier réapparaît avec une sorte de jerrican dont la provenance ne pouvait être que douteuse, et au fond duquel on pouvait voir par transparence les deux litres d'huile que nous avions acheté.

Ma femme refusant catégoriquement de partir avec un tel récipient ne serait-ce qu'à cause de sa taille vraiment trop grande, notre épicier part donc en quête d'un autre. Il revient avec deux bouteilles d'eau minérale dont je tairai la précédente utilisation qu'il nettoie devant nous assez sommairement et dans lesquelles il transfère notre précieux liquide.

Puis d'un geste qui pourrait presque s'apparenter à une sorte de défi, il se saisit d'un des pains marocains de son étal, il ouvre violemment celui-ci et dans lequel il verse quelques cuillères à soupe de notre huile. Ensuite à la manière d'un bucheron des Carpates, il mord à pleine dents dans ce pain, en arrache un bon tiers projetant miettes et gouttes d'huile autour de lui et nous prend à témoin en nous montrant avec forces gestuelles qu'il touche au paradis. Voulant nous convaincre encore plus sur les vertus de son produit, il tend le morceau de pain restant à ma femme avec un geste la sommant de gouter elle aussi à ce merveilleux sandwich. Après cette invitation sans appel, celle-ci est bien obligée de mordre à son tour dans ce pain où la mâchoire d'acier de ce gars a laissé son empreinte clairement visible dans la croute.

Fort heureusement la taille de cette miche lui permet de mordre dans un autre endroit. Il ne me reste plus qu'à subir le même plaisir une fois que Lili me passe avec soulagement l'objet du délit.

Mise à la part la rusticité du procédé un peu détonant pour les citadins que nous sommes, nous oublions notre répugnance pour reconnaître que cette huile d'olive correspond tout à fait à nos attentes. Après avoir payé et remercié notre commerçant, nous retournons à notre voiture où il nous faudra encore attendre une bonne heure pour la voir ressortir du garage enfin propre et brillante.

Nous arriverons sans surprise à Tanger en fin d'après midi. Nous voilà donc revenus au point de départ d'où nous apercevons les cotes espagnoles comme nous regardions deux semaines plus tôt les cotes marocaines.

Nous sommes contents de rentrer chez nous. Le voyageur est toujours content de retrouver les repères qu'il affectionne. Nous finissons nos derniers achats dans les rues du petit socco de Tanger que nous commençons à bien connaître. Déjà les gens nous semblent moins fermés qu'à aller peut être parce que l'air nous semble aussi plus léger. Nous dinerons dans un restaurant incontournable de Tanger si on souhaite déguster de bons poissons. Celui-ci qui porte le nom de 'Saveurs de Poissons' se veut aussi être un 'Restaurant Populaire' peut être parce qu'il faut l'atteindre après l'escalade à mi longueur d'un gigantesque escalier menant jusqu'au marché des pauvres. En bienvenue, on vous offre une soupe d'orge aux fruits de mers et puis selon l'humeur du chef, parce que c'est lui qui décide du menu, des brochettes de requins ou du merlan grillé sur l'argile dans une salle de style mauresque surchargée de bibelots relatant la pêche autour du Tanger d'antan.

Le lendemain matin nous suivons le millier de touristes qui durant cette journée, vont emprunter le périple administratif nécessaire afin de quitter ce pays en bonne et due forme. Nous avons notre lot de resquilleurs qui pour certains arriveront à passer devant et pour d'autres reviendront à la case départ. Nous aurons besoin de remplir quelques poches de dirhams afin que nos visages d'européens puissent passer ni plus ni moins vite que les autres et au bout du compte ne soient pas plus retardés que le minimum admissible.

Nous regarderons longuement la médina blanche de Tanger flanquée sur son rocher, puis la cote marocaine qui s'éloigne lentement de notre champ de vision. Les regards de nos voisins sont eux, chargés de nostalgie. Ils retournent tous vers leurs occupations forcément laborieuses de notre Europe un peu moins ensoleillées et surtout un peu trop éloignée de leurs familles.

Après être partis de notre hôtel aux aurores, nous touchons le sol en fin de matinée.

Viva Espania !!

Itinéraire :

Tanger
Tétouan
Martil
M'Diq
Cabo Negro
Oued Laou
El Jebha
Cala Iris
Al Hoceima
Ketama
ChefChaouen
Tanger

Chronique d'un voyage dans le RIF Marocain
Période du 25 juillet au 8 Aout 2009.

Jean-François LABROUSSE

© 2011, Labrousse
Edition : Books on Demand
12/14 rond-point des Champs Elysées
75008 Paris
Imprimé par Books on Demand GmbH, Norderstedt
ISBN : 9782810621545
Dépôt légal : juillet 2011